환경 슈퍼히어로 태오 ③

위험에 처한 바다를 구하라!

글 안 마리 데스플라 뒥 | 그림 마틸드 조르주 | 이수진 옮김

 북스힐

OCÉANS EN DANGER by Anne-Marie Desplat-Duc & Mathilde George
©2021 Scrineo
73 boulevard de Sébastopol 75002 Paris

Translation Copyright © 2023 Book's Hill Publishers Co., Ltd.
This Edition was published

이 책의 한국어판 저작권은 Sarah Daumerie와 Icarias Agency를 통해 SCRINEO와 독점
계약한 도서출판 북스힐에 있습니다.
저작권법에 의하여 한국 내에서 보호를 받는 저작물이므로 무단전재와 복제를 금합니다.

위험에 처한 바다

뭉치면 산다!	5
조개 잡으러 가자!	9
쓰레기통이 된 바다	15
헤라클레스의 과업	23
무당벌레는 활동 중	31
놀라운 여행	39
상어	43
어부라는 직업	49
루이 형의 도움	57
쓰레기장	63
이게 무슨 소용 있나?	73
멋진 계획들	77
새로운 아이디어들	85
나눠주기	93
직접 해보기	99

뭉치면 산다!

내가 우리 반과 우리 학교의 **슈퍼히어로**가 된 지도 이제 몇 주가 지났다.* 무엇보다 내가 가장 기쁜 건, 가끔 내 뺨 위로 날아와 앉는 무당벌레 덕분에 내 몸의 크기가 줄어들고, 우리 집 정원에 사는 곤충과 **작은** 동물들과 함께 대화를 나눌 수 있게 되었다는 점이다.

그들은 내게 인간이 자연을 파괴하고 있으며, 그 사실을 인지하지 않으려 한다는 사실을 가르쳐 주었다. 인간은 **화학 비료와**

---

* 《환경 슈퍼히어로 태오 1권: 곤충들을 구하라》 참고.

살충제를 사용하면서 과일나무의 꽃을 수분하는 데 꼭 필요한 꿀벌과 나비를 멸종시키고 있으며, 앞으로도 지금처럼 계속한다면 곧 과일이 사라질 것이다. 사과, 딸기, 산딸기, 복숭아, 살구와 같은 과일들을 더는 맛보지 못하게 된다는 건 정말 **끔찍한 일**이다….

그래서 나는 우리 학교의 친구들과 담임선생님의 도움으로 자연에 **해로운 물질**을 모두 수거하는 계획을 세웠다. 그리고 그 대신에 진딧물, 진드기를 비롯해 정원에서 기르는 꽃과 식물에 해를 끼치는 곤충들을 쫓아버릴 수 있는 **친환경적인 방식**을 채택하도록 주위 사람들을 설득했다. 물론 이건 시작에 불과하다. 하지만 모든 사람들이 동참한다면 언젠가는 **화학 물질과 살충제** 사용을 완전히 중단할 수 있게 될 것이다. 나는 이웃집에 사는 친구 마엘의 아빠를 설득해 **살충제**를 밭에 뿌리는 걸 막고 유기농법으로 전환하게 만들었다는 사실에 매우 뿌듯함을 느꼈다.

그다음으로는 우리 집 정원에 암탉 한 마리가 불쑥 찾아왔다! 암탉은 우리 마을에서 그리 멀지 않은 곳에 있는 **공장식 사육장**에서 탈출했는데,* 그곳에서 암탉들은 불편한 케이지 속에 **감금된 채** 18개월 동안 매일 달걀을 낳아야 하는 운명에 처해 있었다. 18개월이 지난 뒤에는 알을 낳는 주기도 불규칙해지고, 판매점에서 유통되기에 **지나치게 큰** 알들을 낳게 된다는 이유로 죽임을 당한다고 했다.

나는 그런 종류의 양계장이 있다는 사실을 한 번도 들어본 적이 없었지만 **분개했다**. 나는 **빨강이**(빨간 암탉이므로 이렇게 이름을 붙였다!)를 거두어 우리 집에서 기르기로 했고, 친구 마엘과 함께 학교의 학생들, 이웃, 가족, 친구들을 설득해 다른 암탉들을 입양하도록 제안했다. 그런데 그건 쉬운 일이 아니었다!

---

* 《환경 슈퍼히어로 태오 2권: 암탉들을 구하라》 참고.

자연을 구하기 위해서는 아직도 할 일이 많다는 사실을 알고 있다. 그리고 그 일에는 많은 시간이 걸린다는 것도 말이다! 하지만 시작도 하지 않는다면 해낼 가능성은 조금도 없을 것이다!

조개 잡으러 가자!

이번 주 일요일 오후 3시에는 한사리*가 예보되어 있었다. 평소처럼 아빠와 여동생 시도, 그리고 나는 조개와 새우를 잡으러 가기 위해 바닷가 모래사장으로 향했다. 시도와 나는 이 바닷가에서의 활동을 매우 좋아했다. 저 멀리로 바닷물이 빠지며 드러나는 광활한 모래사장 위를 걸으면서 바다 공기를 마시고 쌍각조개, 맛조개, 새우들을 찾는 것은 망망대해에 홀로 뚝 떨어져 있는 외딴섬에 정박한 모험가가 된 기분을 느끼게 해주었다.

* '대조기'라고도 하며, 음력 보름과 그믐 무렵에 밀물이 가장 높은 때를 말한다. 썰물로 바닷물이 빠져나가면서 바닥이 드러나 걸어다니며 해산물을 손쉽게 잡을 수 있다(옮긴이 주).

엄마는 우리와 함께 바닷가로 가는 일이 드물다. 항상 첨삭해야 할 학생들의 과제가 많은 탓이다. 형 루이는 그럴 나이가 지났다고 했다. 형만 손해지 뭐.

해변으로 향하는 길은 장화, 양동이, 그물망, 갈퀴 등, 우리와 같은 도구와 복장을 갖춘 사람들로 가득했다. 큰 썰물은 수많은 아마추어 낚시꾼들을 모여들게 한다.

"이보게 얀, 안녕하신가!" 수염을 기른 한 남자가 아빠에게 말했다. "하루도 낚시를 하지 않고는 못 배기나 보지? 배를 타고 있지 않을 때는 땅 위에서라도 계속하는 걸 보면 말이야!"

"아니라곤 못 하겠군! 내 아버지도 뼛속까지 어부셨지. 그래서

내게도 이런 습성을 물려주신 거고!"

"금요일에 있었던 태풍이 바닥 면을 뒤집어 놨어요. 걸어다니기가 쉽지는 않을 거예요." 이 일이 익숙해 보이는 한 남자가 말했다.

"거기다 태풍으로 밀려온 **쓰레기들**은 또 어떻고요." 한 아주머니가 말했다.

"엎친 데 덮친 격이에요! 예전엔 나무나 해조류, 양철통 몇 개가 다였는데…, 이젠 뭐 **쓰레기통**이 되어버렸다고 해도 과언이 아니니!"

나는 어른들이 재미를 위해 과장하고 있다고 생각했다.

"몇 년 전에는 바위 밑에서 큼지막한 바닷가재를 잡곤 했는데 말이야." 맨 처음에 아빠에게 말을 걸었던 남자가 말했다. "그 뒤로 바닷가재를 **본 적이 없네**."

"내가 어렸을 때는 썰물 때마다 새우들을 잡으러 왔었어…. 그때는 **1킬로그램**쯤은 거뜬하게 잡을 수 있었는데! 이젠 스무 마리 정도 잡으면 많이 잡은 게 되었지만."

"그래 맞아. 하지만 우리가 해양 동물들에게 번식할 틈을 안 주잖나…. 물론 **해양 오염**도 골치 아픈 문제이긴 하지만." 브르타뉴 지역에서 오래 산 할아버지가 말했다.

"녹조류도 문제예요." 다른 사람이 거들었다.

"우리 자식들에게 어떤 지구를 물려주게 되려는지 모르겠어요." 아주머니가 시도의 머리를 토닥이며 말했다.

"자, 그래도 밀물 때가 오기 전에 가봅시다!" 끝나지 않는 대화를 중단하기 위해 아빠가 외쳤다.

우리는 방금 전까지 있었던 의욕이 사라진 걸 느꼈다. 시도가 걱정스레 물었다.

"바다가 **쓰레기통**이 되었다는 게 정말이에요?"

"시도야, 오늘은 우리가 다 함께 좋은 순간을 보내러 온 거니까, **오염**에 대한 이야기는 그만 잊고 햇빛과 바다를 만끽하자꾸나."

"**네, 알겠어요!**" 미소를 되찾은 시도가 신나게 외쳤다.

해변에는 갈퀴로 모래를 헤집고 있는 십여 명의 사람들이 있었다. 어떤 사람들은 바위 근처에 웅크리고 앉아 돌 아래를 뒤졌고, 또 어떤 사람들은 그물망으로 물구멍 속을 휘저었다.

"자, 우리가 **가장 좋아하는 곳**으로 가자." 아빠가 말했다.

우리는 절벽을 빙 둘러 썰물 때만 드러나는 **작은** 만으로 향했다.

"**우와!** 진짜로 태풍이 흔적을 남겨두었네요." 여기저기에 많은 **쓰레기들**이 널려 있는 모습을 본 나는 약간의 분노를 느끼며 말했다.

"왼쪽으로 가자. 모래는 깨끗하니까 괜찮은 해산물을 낚을 수 있을 거야! 바닷물이 다시 밀려오기까지는 앞으로 두 시간 남았어." 아빠가 우리에게 말했다.

"물에 빠지면 어떡해요?" 시도가 무서워하며 말했다.

"물때만 잘 지킨다면 위험하지 않아. 자, 저녁거리 찾으러 가야지!" 아빠가 웃으며 우리를 격려했다.

"엄마는 조개 손질하는 걸 싫어하고 저는 먹는 걸 싫어하는데요." 시도가 뾰로통하게 말했다.

나 역시 조개를 그다지 좋아하지 않았다…. 아빠가 모든 브르타뉴 주민들이 조개를 사랑하는 것처럼 말할 때마다 기분이 나빴다.

파리 근교를 떠나 이곳 비니크*로 이사를 오고부터, 나는 **진짜** 바다 사나이가 되려고 노력하고 있다. 하지만 익히지 않은 조개는 어쩔 도리 없이 먹기가 싫었다! 그래도 모래, 진흙, 해조류를 밟으며 걷고, 거기에 사는 **작은** 생물체들을 발견하는 일은 좋았다. 총알고동, 쌍각조개, 새우, 아기 물고기들…, 그리고 빨간 다리로 모래사장을 두드리며 벌레들을 튀어나오게 만들어 잡아먹는 갈매기와 검은머리갈매기는 말할 것도 없다.

---

* 비니크(Binic)는 프랑스 북서쪽 브르타뉴 지방에 위치한 작은 항구 마을이다(옮긴이 주).

아빠와 시도가 쌍각조개와 모시조개를 캐기 위해 모래를 파기 시작하는 동안, 나는 그물망으로 새우를 조금 낚아보려고 홀로 바위 쪽으로 이동했다. **갈매기** 한 마리가 동그란 눈으로 나를 바라보고 있었다. 나는 재미로 갈매기를 향해 외쳤다.

"이봐! 저번에 해변 근처에서 내 와플 훔쳐서 날아간 애가 너 맞지? 왜, 이번엔 내가 낚을 새우까지 노리는 거야?"

나는 미소를 지었다. 갈매기들은 **식탐이 많았다**. 그건 모두가 아는 사실이었다! 갈매기에게 말을 거는 데 정신이 팔려 있었던 나는 발밑을 제대로 살피지 못했고, 내 장화는 다양한 **쓰레기들**이 떠다니는 물구덩 속에 빠져버렸다. 불쾌감에 나는 화를 냈다.

"우웩! 바다에 **쓰레기들**을 가져다 버리다니, 정말 역겨운 사람들이야."

바로 그때, 돌풍이 일면서 모래 알맹이들이 내게 튀었고, 나는 두 눈을 질끈 감았다. 그리고 뺨 위로 정확히 벌레 한 마리가 부딪치는 게 느껴졌다.

푸슉! 나는 **소인**의 크기로 줄어들었다.

쓰레기통이 된 바다

 작아진 몸으로 물구멍 속에 쏙 **빠져버린** 나는 외쳤다.

"무당벌레야… 지금은 이럴 때가…."

짠맛이 나는 바닷물이 목구멍으로 넘어왔다. 미세한 입자들이 목구멍을 따끔거리게 만들었다. 숨을 쉬는 게 힘들었다. 나는 수면 위로 떠오르기 위해 손발을 힘껏 휘저었다. 누군가 이렇게 말하는 소리가 들리는 듯했다.

"저건 누구야?"

"전혀 모르겠네. 모르는 얼굴이야." 다른 목소리가 대답했다.

비닐봉지 하나가 내 얼굴에 달라붙었고, 다른 하나는 다리

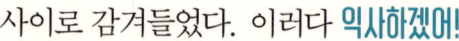

사이로 감겨들었다. 이러다 **익사하겠어!** 초인적인 힘을 발휘한 나는 몇 초 동안 수면 위로 얼굴을 내민 채 유지할 수 있게 되었다. 소리를 지를 절호의 기회였다.

"살려주세요!"

누군가 내 팔을 붙잡고 물구멍 밖으로 끌어당겨 이끼가 낀 바위 위에 내려놓는 게 느껴졌다. 나는 숨을 **크게** 들이마셨다. 그러고는 기침을 하고, 침을 뱉고, 딸꾹질을 했다. 조금씩 진정이 된 나는 그제야 고개를 들었다. 얼굴에서 몇 센티미터 떨어진 곳에 갈매기의 **거대한** 노란색 부리가 보였다. 갈매기가 동그란 눈으로 나를 바라보고 있었다.

"내가 거기 있던 게 천만다행이지." 갈매기가 내게 말했다.

"맞아. 정말 고마워! 네가 내 목숨을 **구했어!**"

"빚을 갚은 거야. 저번에 네 와플 훔친 거 나였거든."

"그럼 서로 비긴 걸로 치자."

갈매기는 하늘로 날아오른 뒤, 조금 떨어진 곳에 있는 말뚝

위에 올라앉았다.

"미안해." 무당벌레가 약간 비틀거리면서 눈물을 글썽였다. "모래 언덕에 있는 금작화 속을 지나는데 갑자기 바람이 불어서 네 뺨까지 날려와서 부딪친 거야."

"괜찮아!"

해양 생물 몇 마리가 흥미로운 듯, 가까이 다가와 나를 관찰하기 시작했다.

"넌 어떤 동물이니?" 소라게가 조개껍질 밖으로 빼꼼히 내민 **작고** 검은 두 눈으로 나를 주시하면서 말했다.

"사는 곳이 여기는 아닌가 봐? 지금까지는 한 번도 본 적이 없네." 거미게가 말했다.

"**이상하네**. 여기에 있는 우리 중 누구와도 닮질 않았어." 새우가 놀라며 말했다.

"우리와 같은 동물은 아니야." 갈매기가 불쑥 끼어들었다. "**작은 인간**이지."

갈매기의 그 말에, 그곳에 있던 모든 생물들이 바위와 해조류 아래, 또 모래 속으로 후다닥 사라졌다. 갈매기나 어쩌면 나 때문에 **겁을 먹은** 모양이었다. 하지만 몸 크기가 몇 센티미터밖에 안 될 정도로 **작게** 변한 지금, 나는 그들에게 **아무런 위협도** 되지 못했다. 그물망도 하나 들 수가 없을 정도니까 말이다!

"저리 가." 내가 갈매기에게 말했다. "네가 모두를 겁먹게 만들었잖아…. 바다에 사는 작은 동물들과 모처럼 이야기를 나눌 기회가 생겼는데 좀 누리게 해주겠어?"

"네가 원한다면야." 커다란 몸집의 갈매기가 그렇게 말한 뒤 하늘로 날아가 버렸다.

"이제 밖으로 나와도 좋아." 내가 말했다. "너희들의 천적이 떠났어…. 그리고 나는 너희들에게 아무런 해도 가하지 않을 거야."

"태오는 우리들의 친구야. 그리고 자연의 수호자지." 무당벌레가 모두를 안심시켰다. "나는 이미 태오와 이야기도 많이 나눠 봤어!"

해조류 사이로 작은 가자미 한 마리가 나오며 그 말에 콧방귀를 뀌었다. 아마 두려움을 떨치기 위해서였던 것 같다.

"헤엄도 못 치는 게!"

가자미의 지적에 약간 기분이 상한 내가 대꾸했다.

"나 헤엄 아주 잘 치거든? 바닷물과 함께 목구멍으로 들어온 게 있어서 숨이 안 쉬어졌고, 비닐봉지가 다리에 감겨서 그랬던 거거든?"

"오염된 바다에 온 걸 환영해!" 집게를 휘두르며 게가 외쳤다.

"오염은 무슨, 그냥 비닐봉지일 뿐인데 뭐!" 나는 어설프게

반박했다.

그래선 안 됐다. 내 주변에는 **작은** 생물들이 수도 없이 많았고, 개중에는 나보다 몸집이 더 **커다란** 것들도 있었다. 게, 거미게, 새우, 낙지, 불가사리, 갯지렁이, 쌍각조개, 그리고 이름도 알지 못하는 수많은 생물들이 투덜거리고, 불평하고, 집게나 껍질을 딱딱 부딪치는 소리를 내고, 더듬이를 찌를 듯이 내밀기 시작했다.

"**뭐라고?**" 불가사리가 화를 내며 말했다. "바다가 지구에서 가장 **오염이 심한** 장소인 거 몰라?"

"어… 그럴 리가…. 바닷물이 이렇게 맑고 청명한데?"

"그건 네 생각이고." 예쁜 새우 한 마리가 퉁명스럽게 말했다.

"수백 년 전부터 인간들은 **하수**를 바다로 배출해 왔어. 배들은 **기름 찌꺼기**를 바다에 버리고, 공장에서 만들어진 온갖 종류의 **독성 쓰레기들**이 강으로 배출되어 바다로 흘러들어오지…. 정말이지, 이만하면 충분하지 않니?"

"북태평양 어딘가에 **플라스틱 쓰레기**로만 이루어진 섬이 있는 건 알고 있어? 그 크기가 프랑스 면적의 **세 배**에 달한대. 그 크기가 너무나도 거대해서 지구의 여덟 번째 대륙이라고도 불러."

"**거짓말이지?**"

"정말이야. 이 **플라스틱 쓰레기**의 대부분은 해변으로 소풍을 왔던 몰지각한 사람들이 자연에 버리고 떠난 포장지, 일회용 접시, 컵, 포크, 빨대, 병 같은 것들이야…. 그게 모두 바다로 가는 거지!"

"**거짓말!**"

"정말이라니까. 거북이들은 종종 물에 떠다니는 **플라스틱 쓰레기**를 해파리로 오인해서 먹기도 해. 그리곤 죽음에 이르지."

"우리 엄마와 할아버지도 그렇게 돌아가셨어." 어린 도다리가 중얼거렸다. "**미세 플라스틱**을 너무 많이 먹었던 거야."

"더는 이렇게 살 순 없어!" 바위에 붙은 홍합 무리가 울먹이며 외쳤다. "**숨이 막힌다고!**"

나는 매우 놀랐다. 말을 할 거라고는 상상조차 못했던 해양 동물들이 이렇게 분명하게 불평과 비난, 그리고 희망을 외치고 있다니. 그런 그들이 **나를** 어쨌든 **대변인**으로 선택했다는 사실은 내게 뿌듯함과 동시에 걱정거리를 안겨주었다. 어떻게 하면 모두를 도와줄 수 있을지 고민이 되었던 것이다.

"나는 **이상적인 은신처**를 찾았어." 바닷가재가 자랑스레 말했다. "인간들은 이걸 운동화라고 부른다며? **정말 편안해.**"

"그래, 이 와중에도 누군가는 만족할 수도 있겠지. 하지만 최악의 상황을 겪고 있는 동물들의 수가 **수백 마리**가 넘어!" 총알고

동이 불만스럽게 말했다.

"맞아. 모두의 무관심 속에서 우린 모두 **죽고 말 거야.**" **작은** 은빛 물고기 한 마리가 말했다.

"해양 생태계가 사라진다면… 모든 생명도 사라지게 될 거야…. 그리고 지구는 **죽은 행성**이 되는 거지." 게가 예언자처럼 말했다.

"내가 뭘 어떡하면 좋겠어?" 내가 소심하게 물었다.

"넌 이미 곤충과 암탉들을 지키기 위해 행동했다며? 그러니 바다를 위해서도 똑같이 해주면 좋지." **작은** 도다리가 말했다.

나는 한숨을 내쉬었다. 내게 주어진 일이 너무나도 **막막하게**

느껴졌다. 나는 용기를 짜내어 말했다.

"그거랑 이건 달라…. 바다를 구하라니…. 그건 나 같은 애가 하기에는 **너무 힘든 일**이잖아!"

"만약 세계의 **모든** 아이들이 합심한다면…."

"그런다고 해도, 사실 그게 가능할지 모르겠어 나는…."

바로 그때, 시원한 미풍이 불어왔다. 물에 홀딱 젖어 있었던 나는 몸을 살짝 떨었고, 그러자 **재채기가 나왔다!**

헤라클레스의 과업*

내가 다행히 원래의 크기로 돌아왔을 때, 시도와 아빠가 내가 있는 곳으로 돌아왔다. 시도는 쌍각조개가 스무여 개 들어 있는 양동이를 내게 보여주었다. 아빠가 내민 양동이 속에는 새우가 한 움큼 정도 들어 있었다.

"오빠는?" 시도가 내게 물었다.

"나? 음… 나는 한 마리도 못 찾았어."

---

* 그리스 신화 속 영웅 헤라클레스에게는 열두 개의 과업이 주어졌고, 성공한다면 자신이 지은 죄를 씻고 불멸의 삶을 살 수 있었다. 그만큼 성공하기 어려운 일을 비유적으로 표현하는 말이다(옮긴이 주).

"아닌데? 여기 봐. 양동이 바닥에 작은 물고기가 한 마리 있잖아."

나는 놀랐다. 이 물고기를 잡은 기억이 없었기 때문이다. 방금 전까지 나와 이야기를 나누었던 새끼 도다리는 아닐까? 자기 한 몸을 희생해서 해양 동물들이 위험에 처해 있다는 사실을 내게 상기시키려던 건 아닐까?

아니다. 말도 안 된다. 이상한 생각을 다 하다니!

"아빠. 바다 위에 정말로 플라스틱으로 이루어진 대륙이 있어요?"

"맞아. 상황이 지금보다 더 나빠질까 봐 걱정이 된단다. 몇 년 전에 비닐봉지 사용을 금지하는 법안이 체결되었는데도 일부 상점에서는 얼마든지 재사용이 가능하다는 핑계로 여전히 비닐봉지를 사용하고 있어. 대형 마트에서도 과일이나 채소의 무게를 재기 전에 비닐봉지를 사용해서 그것들을 담고 있지. 하지만 그것만이 문제가 아니야. 플라스틱 컵, 빨대, 접시까지! 우리 모두 이 저주받은 플라스틱을 쓰지 않고는 살아갈 수가 없으니 말이야!"

"그래도 플라스틱을 사용하지 말아야겠어요."

"이젠 플라스틱에도 관심이 생겼어?" 시도가 놀란 목소리로 물었다.

"그건… 음… 방금 플라스틱이 바다 환경에 매우 위험하다는 걸 깨달았거든."

"그냥 그렇게 갑자기?"

시도와 아빠에게 방금 전에 조개, 갑각류들과 대화를 나누었다는 이야기는 하고 싶지 않았다. 곤충, 새, 암탉과 이야기할 수 있다는 건 백 번 양보해서 이해한다고 쳐도, 아무런 소리도 못 내는 새우나 경단고동과 수다를 떨었다는 건 아무리 생각해 봐도 믿지 못할 소리였기 때문이다.

"저기 해변과 모래사장에 널려 있고 바위틈에 박혀 있는 **쓰레기들** 못 봤니? 온갖 종류가 다 있다고! 오래된 양철통, 빈 깡통, 물병, 일회용 그릇, 구멍 난 신발까지…. 너무 **역겨워!**" 내가 말했다. "전 세계 바닷가 상황이 모두 이렇다면, **얼마나 많은 쓰레기들**이 바다를 오염시키고 있다는 뜻인 거야?"

"그럼 우리가 뭘 할 수 있는데?" 시도가 물었다.

"몰라…. 하지만 이건 **부끄러워해야** 할 일이야!"

"오늘 낚시는 영 글렀네." 아빠가 해맑게 말했다. "엄마한테 가져갈 게 없어. 시도야, 네가 잡은 쌍각조개들은 다시 모래 속에 되돌려 보내렴. 아빠도 요 **작은** 새우들 더 자라라고 풀어줄 테니까."

"제가 잡은 도다리도 아직 새끼예요. **행복하게 살라고** 물에 놓아줄래요."

도다리가 고마움의 표시로 내게 눈을 찡긋한 것 같았다…. 확실하진 않지만 말이다!

집으로 돌아오는 내내 기운이 나지 않았다. 얼마 전까지만 해도 나와는 전혀 상관이 없는 일이었던 **수많은 문제들**이 이제는 너무나도 **눈에 잘 보이게** 되었기 때문이다. 그리고 내가 곤충이나 고동만 한 크기로 작아질 수 있고, 작은 동물들의 불평불만을 들을 수 있게 되었기 때문이었다.

곤충들을 구하고, 암탉들을 구하는 일은 어떻게든 해냈지만, 바다를 구하라니…. 내게 주어진 일이 너무 **막막하게** 느껴졌다! 나는 헤라클레스 같은 영웅도 아닌데 말이다.

학교에서 선생님이 헤라클레스가 열두 개의 과업을 손쉽게 해결한 이야기를 들려줬었다. 헤라클레스의 용감함, 똑똑함, 그리고 기발한 꾀에 놀랐던 기억이 난다. 하지만 나는 고작 어린아이일 뿐이다. 곤충들이 내게 **환경을 지키는 슈퍼히어로**라는 타이틀을 붙여주긴 했지만…, 그래도 말이다!

우리 집 정원으로 들어오면서 빵집에 들렀다 오는 친구 마엘과 마주쳤다. 마엘은 품에 바게트를 안고 있었다. 마엘은 발걸음을 멈추고 시도와 볼을 맞대며 정다운 인사를 나누었고, 우리 아빠에게 인사를 한 뒤 내게 물었다.

"목요일에 너희 아빠가 어부의 직업에 대해 설명하러 학교에 오시는 거지?"

"응."

우리가 나중에 커서 가질 직업을 고르는 데 도움이 될 수 있도록 카라벨 선생님은 부모님들이 각자의 직업에 대한 이야기를 들려주는 시간을 마련했다. 지난주에는 레나의 엄마가 건축가는 어떤 일을 하는지, 또 말로의 아빠가 배관공은 어떤 일을 하는지 알려주었다.

"아저씨는 너희들만 믿는다. 질문 많이 해줘야 한다?" 아빠가 끼어들며 말했다. "학생들 앞에서 말하는 데는 익숙하지가 않아서 긴장이 되거든."

"걱정 마세요 아빠. 마엘과 함께 미리 대비해 둘게요. 아빠는 질문에 대답만 해주면 돼요."

"너도 나중에 어부가 될 거야?" 마엘이 내게 물었다.

"설마. 너무 고된 일인 데다, 나는 뱃멀미까지 하는걸!"

우리는 웃음을 터뜨렸다. 마엘은 나와 손뼉을 부딪친 뒤 집으로 돌아갔다.

"그래서, 낚시는 어땠어?" 우리가 집 안으로 들어서자마자 엄마가 물었다.

"완전 꽝이야!" 아빠가 말했다. "바다도 그렇고 해변도 온통 **오염**이 심하더라고!"

"그럴 줄 알았지!" 엄마가 외쳤다. "볼로네즈 파스타 해놨어. 태오가 정원에서 샐러드 채소만 가져다주면 식사 준비 끝이야!"

"확실히 마트에서 사는 것보다 훨씬 **품질이 좋더라**." 루이 형이

게임기에서 눈도 떼지 않고 말했다.

　좋아하는 거라곤 피자, 햄버거, 게임밖에 없는 루이 형의 입에서 마트에서 소포장으로 파는 샐러드 채소보다 우리 집에서 기르는 채소가 더 좋다고 하다니, 나는 너무나도 **기뻤다**. 억지로 참지 않으면 승리의 함성이 입 밖으로 새어 나올 것 같았다…. 하지만 내가 알기로 루이 형은 아무리 내 말이 맞는다고 해도 그걸 인정할 사람이 **절대** 못 된다…. 그래서 나는 입을 꾹 다물고 샐러드 채소를 따러 달려 나갔다. 어쩌면 형도 식사를 하면서 우리 **모두**가 **환경을 보호**해야 한다는 사실을 이해하게 될지도 모른다!

무당벌레는
활동 중

⭐ 다음날, 수업을 마치고 난 뒤 마엘과 나는 우리 집에 있는 보리수나무 그늘에 앉아서 간식을 먹으며 이야기를 나눴다. 내 친구 울새가 나뭇가지에 앉아서 짹짹 울고 있었다. 울새가 가까이에 있는 건 언제나 좋았다.

"무슨 질문 할지 생각해 봤어?" 간식을 먹으며 내가 말했다.

"아니." 마엘이 대수롭지 않게 대답했다.

마엘은 **집중하지 못하고** 있었다. 내게 새로 산 운동화를 자랑하고, 요즘 유행하는 스타일의 안경으로 바꿔야 하지 않겠냐고 물어봤다가, 이제는 테이블 위에 놓인 비스킷 부스러기로 장난을 치기 시작했다. 그 모습에 나는 **화가 났다**.

"**해양 오염**에 관심 없어?"

"그다지."

"**해양 생태계**가 사라져도 아무렇지 않아?"

"나는 생선은 별로 안 좋아해." 마엘이 얼굴을 찌푸리며 말했다.

"물고기가 사라지면 돌고래, 고래, 바다표범, 펭귄, 그리고 북극곰까지 모두 다 사라지게 될 거야!" 내가 말했다.

"아, 맞네. 이런, 그 생각은 안 해봤어."

"그렇지? 그럼 **일**을 시작해 보자!"

마엘이 몇 가지 아이디어를 제시하고, 노트북에 몇 마디 문장을 쓰는 등 노력을 해보았지만, 별로 진전이 없었다. 그래서 나는 다른 방법을 사용하기로 결심하고 마엘에게 말했다.

"나랑 어딜 좀 가자. 바다가 어떤 곳인지 보여줄게."

엄마, 여동생, 형은 아직 집으로 돌아오지 않았다. 나는 집 문을 잠근 뒤, 500미터 정도 떨어진 곳에 있는 해변으로 향했다. 해변에 다다르자마자 나는 외쳤다.

"**무당벌레야**! 무당벌레야! 네가 필요해!"

하지만 근처에 무당벌레는 한 마리도 없었다. 마엘이 나를 놀리듯 말했다.

"무당벌레는 수영하는 것도, 선탠하는 것도 안 좋아할 텐데?"

마엘의 말이 **맞았다**. 어제 내 뺨으로 날아와 붙은 것도 갑자기 우연한 돌풍이 불었기 때문이었으니까…. 하필 오늘은 바람 한 점 없었다. 전날 있었던 일에 대해 설명하려고 했지만, 마엘은 아예 바다 쪽으로 몸을 돌린 채 생각에 빠져 있어 내 말을 듣지 않았다. 마엘이 중얼거렸다.

"끝없이 펼쳐진 바다가 정말 아름답다!"

화가 난 나는 마엘을 설득하는 걸 관두었다. 그리고 집으로 돌아왔다. 대문을 열고 들어오자마자, 막 봉우리를 틔운 장미꽃에 무당벌레들이 모여 있는 게 보였다. 나는 폭발하고 말았다.

"**배신자들!** 내가 필요로 할 때는 왜 와주지 않는 거야?"

"어머, 말이 너무 심한 거 아니니?" 마엘이 나를 나무랐다.

바로 그때, 무당벌레 중 한 마리가 내게로 곧장 날아와서 내 뺨 위에 붙었다. 그리고… 푸슉! 일 초 만에 마엘과 나는 **작아졌다**.

이번에도 좋은 타이밍이 아니었다. 나는 울분을 토했다.

"내가 작아지고 싶었던 건 아까 전이란 말이야!"

"아이고, 얘!" 무당벌레가 내게 말했다. "네가 **환경을 지키는 슈퍼 히어로**라고 해서 내가 네 노예인 건 아니야."

"너희 **모두를** 구해줄 사람으로 나를 믿고 있다며!"

내가 화를 너무 심하게 낸 나머지, 무당벌레는 당황한 듯 아무 말도 못 했다. 나는 계속해서 말했다.

"혹시 질투해? 조개랑 새우들 구하러 간다니까 방해하는 거지?"

"무슨 말도 안 되는 소리야!" 무당벌레는 그렇게 말한 뒤, 어딘가로 날아가 버렸다.

"돌아와!" 내가 소리쳤다. "우릴 이 상태로 내버려 둘 셈이야?"

"네가 말을 **나쁘게** 해서 화가 난 거잖아." 마엘이 말했다.

"아 그래?" 나는 시비조로 말했다. "해변으로 돌아가자. 내게 불평하는 건 곤충만이 아니라, **해양 동물들**도 있다는 걸 보여줄 테니까."

"이렇게 **짧은** 다리로 500미터를 걸어가자고? 일주일은 걸릴 걸?" 마엘이 키득키득 웃으며 말했다. "저기 길가에 난 잡초만 해도 **정말** 원시림 같아. 구멍에 빠지거나, 길 가는 사람들의 발에 밟혀서 **납작해지거나**, 갈매기나 여우한테 잡아먹힐 수도 있어. 난 여기서 꼼짝 안 할 거야."

마엘은 고집을 부리며 조약돌 위에 앉아 단단히 팔짱을 꼈다.

우리의 대화를 들은 모양인지 풍뎅이 한 마리가 다가왔다. 나를 발견하고 놀란 풍뎅이가 말했다.

"무슨 일 있니 태오야?"

나는 방금 전 있었던 일을 간추려 설명했다. 풍뎅이가 말했다.

"마엘의 말이 맞아. 몸집이 **작을 때**에는 해변까지 가는 건 **위험한 일이야**. 나도 절대 정원 밖으로 나가지 않는걸."

곧이어 돈벌레 한 마리, 달팽이 두 마리, 민달팽이 세 마리, 사마귀 한 마리, 메뚜기들이 우리 주위로 몰려들었다. 모두가 우리에게 도움을 주고 조언을 해주려고 했다. 달팽이들은 가장 **안전한 길**을 알려주었지만, 그 길로 가려면 최소 한 달은 걸리지 않을까 걱정되었다. 사마귀는 해변까지 같이 가주겠다고 했지만, **질겁한** 마엘이 내 귀에 대고 속삭였다.

"안 돼. 저 무시무시한 얼굴이랑 **길쭉한** 발톱과 다리 봤어?"

예쁜 초록빛의 풍뎅이가 마엘을 자신의 등에 앉혔다. 하지만 풍뎅이가 몸무게로 인해 바닥에 납작하게 짓눌리자, 마엘은 얼른 등에서 뛰어내렸다.

바로 그때, 내 친구 울새가 **불쑥 나타나** 우리에게 말했다.

"아무래도 새 등에 타고 가는 게 제일 좋을 것 같은데? 내 깃털을 꽉 붙잡고만 있으면 **위험하지 않을 거야.**"

"좋아!" 마엘이 신나서 외쳤다.

그러자 깨새, 굴뚝새, 까치, 피리새, 티티새, 멧비둘기, 비둘기, 갈매기 등등 여기저기서 온 새들이 각자 자신의 등을 타고 가라며 경쟁하듯 짹짹거렸다.

어떻게 하면 누구의 기분도 상하지 않게 할 수 있을까? 내 친구 울새는 내 무게를 견디기에는 조금 연약해 보였고, 조금 더 튼튼한 새였으면 좋겠기에 갈매기를 골랐다. 저번에 익사할 뻔했던 나를 구해주었던 그 갈매기였다. 왼쪽 눈 옆에 검은 반점이 눈에 띄었다.

"날 태워 줄래?"

"기꺼이!"

마엘은 예쁜 멧비둘기로 정했다.

마엘이 멧비둘기의 등에 올라타는 것을 도와주기 위해 달팽이 두 마리가 짧은 계단이 되어주었고, 풍뎅이는 달팽이들의 엉덩이를 밀어주었다.

그리고 우리는 곧 하늘로 날아올랐다. 동네의 모든 새들의 엄호를 받으면서 말이다!

놀라운 여행

⭐ 우리는 작은 마을 위를 날았다. 교회와 시청, 그리고 우리가 다니는 학교도 지났다…. 황홀하면서도 조금은 무서웠다. 나는 비행기… 음, 아니 새의 깃털을 꼭 잡고 매달려 있었다.

몇 분이 지나자 모래사장과 바다의 너른 포말이 보였다. 내게 자신의 세계를 보여준 것에 기쁜 듯, 갈매기는 파도치는 해협까지 날았다. 그러나 갈매기의 비행은 그다지 안심이 되지 않았다. 내가 자신의 몇 개 안 되는 깃털을 잡고 등에 매달려 있다는 사실을 잊은 건지, 갈매기는 몸을 옆으로 기울여 날개 한 짝을 바닷물에 담근 채로 선회하고, 가파르게 날아올랐다가 다시 급강하를 했다. 우욱, 토가 나올 것만 같았다!

아래쪽에서는 마엘이 두 팔을 허우적거리고 있었고, 다른 새들이 그 모습을 지켜보고 있었다.

갈매기가 나를 땅에 내려놓을 거라 생각하는 순간, 갑자기 저 멀리 절벽 방향으로 날아갔다.

"인간들이 우리가 알을 낳는 장소에 무슨 짓을 하는지 보여줄게!" 갈매기가 바위 쪽으로 가까이 다가가자, 온갖 종류의 **쓰레기 더미**가 보였다. 매트리스, 녹슨 자전거, 건축 파편, 양철통까지 있었다. 정말로 **쓰레기장**이라고 해도 믿을 정도였다.

"내가 다 **부끄러워!**" 내가 말했다.

갈매기는 거기서 멈추지 않고, 인간들이 **오염시킨** 또 다른 장소들을 보여주기 위해 해안가를 따라 이동했다. 갈매기의 분노가 이해가 되었다. 하지만 비행은 점점 더 참기 어려워지고 있었다. 바람은 너무 차가웠고, 귀에서 소리가 울렸고, 깃털을 쥔 손이 저려오기 시작했다. 이러다가는 **떨어질** 것 같았다!

마침내 갈매기는 마엘 주위로 원을 그리며 날다가 여기까지 동행해 준 모든 새들과 마엘 앞에 나를 내려놓았다.

"왜 이렇게 늦었어!" 마엘이 짜증을 내며 말했다. 갈매기는 위협적인 부리로 마엘에게 다가갔다.

"**환경을 지키는 슈퍼히어로**를 태워줄 기회가 생긴 김에 **재앙**의 규모가 얼마나 큰지 보여주었어." 갈매기가 마엘에게 말했다.

"음… 네 말이 맞아." 마엘이 더듬거리며 뒤로 물러났다.

새들은 끼어들 엄두를 내지 못하고 저들끼리 은밀하게 속삭였다. 나는 갈매기들이 다른 새들과 사이가 좋을 거라고 생각하진 않았다. 갈매기가 바다의 귀족이라더니 다른 새들에게 존중

받는 법을 알고 있는 것 같았다.

"이제 우리가 더는 필요하지 않은 거라면, 우린 이만 가볼게…. 새끼들에게 줄 먹이를 구해야 하거든…." 깨새가 말했다.

새들은 동시에 하늘로 날아올랐다. 색색의 깃털이 다발을 이루며 푸드덕거리는 모습이 **장관**을 이루었다.

"**멋지다!**" 마엘이 새들이 일으킨 바람으로 헝클어진 머리카락을 정돈하며 외쳤다.

"응. 하지만 너를 여기 데려온 건 **오염** 문제에 대해 알려주기 위해서라는 걸 잊지 마."

바닷물이 빠져나가고 있었다. **다행이었다.** 작은 해양 동물들과 대화를 나누기에는 그편이 더 쉬울 테니까. 평소에는 모래사장 깊숙이 파고들어가 있는 대합이나 쌍각조개들이 표면 가까이 머물러 있었고, 새우와 게들은 고인 물웅덩이 속에서 떨고 있었는데, 거미게와 불가사리가 우리가 있는 곳으로 다가왔다. 마치 마엘과 내가 왔다는 소식을 들은 것처럼 말이다.

바로 그때, **커다란 소음**이 들려와 우리는 소스라치게 놀랐다.

상어

 "저게 뭐야?" 마엘이 내 손을 꼭 붙잡으며 말했다.

조개와 갑각류들은 우리만큼이나 놀랐는지 모두 모습을 감춘 뒤였다. 우리는 뒤를 돌았다. 그리고 거기엔….

"**상어다!**" 마엘이 줄행랑을 치며 외쳤다.

나도 처음엔 뒷걸음을 쳤지만, 곧 이성을 되찾았다. 브르타뉴 지방에서 상어는 거의 나타나지 않는다. 나타난다 하더라도 해변에 이렇게 가까이 오는 일은 없었다.

"저건 **돌고래**가 분명해." 내가 말했다.

"**엄청나게 큰걸!**" 마엘이 숨죽이며 말했다.

"아냐. 우리가 **작은** 거야!"

"그러네." 천천히 내 옆으로 돌아온 마엘이 말했다.

"**도와줘!** 도와줘!" 우리에게로 가까이 다가온 돌고래가 외쳤다. "예전과 다르게 방향을 찾지 못하게 됐어."

"이쪽이 아니라 먼바다로 나가야지." 내가 말했다. "바닷물이 밀려나가고 있어. 곧 바닷물이 부족해질 거야."

"내 등지느러미가 꼼짝을 안 해. 움직여지지가 않아." 돌고래가 애절하게 말했다.

"저것 좀 봐!" 마엘이 내게 말했다. 돌고래의 등지느러미 주위로 **비닐봉지**가 둘둘 말려 있었다.

"비닐봉지를 벗겨줘야 하는데… 지금은 우리 몸이 너무 **작아**."

"얼마 전에 내 형이 머리에 씌워진 **비닐봉지** 때문에 숨을 쉬지 못해서 죽었어." 돌고래가 눈물을 흘리며 말했다.

"정말 **끔찍해**." 마엘이 슬퍼했다.

"그리고 **플라스틱 쓰레기**가 물에 떠다니는 해파리인 줄 알고 먹어버리는 돌고래들도 많아. 소화를 시키지 못해서 결국 죽고 말지. 이런 상황이 계속된다면 우리 돌고래뿐만 아니라, 바다표범, 펭귄, 물개, 범고래, 바다코끼리, 고래, 거북이 등등 우리 모두가 **사라지고 말 거야!**"

"새들의 사정도 마찬가지야." 우리의 대화를 가까이서 듣기 위해 근처에 앉은 갈매기가 말했다. "플라스틱 쓰레기가 미세한 알갱이로 분해되면, 우리는 그걸 먹이로 생각해서 먹게 돼. 우리 건강에 아주 **해롭지**."

"마엘, 이제 알겠지? 이 사실을 우리 반에 알려야 해. 그래야 뭐라도 하지."

"네 말이 맞아."

"이제 재채기를 해서 본래의 몸 크기로 돌아간 다음에 저 돌고래를 도와주면 되겠다."

"그래, 얼른 해!" 마엘은 **소인**의 상태로 홀로 남겨지지 않기 위해 내 손을 꼭 붙들고 말했다.

나는 재채기를 시도해 봤지만 재채기는 나오지 않았다.

"정작 하고 싶을 때는 나오지 않더라." 내가 말했다.

돌고래가 애처로운 눈길로 나를 바라보았다. 나는 **분노**와 **슬픔**을 동시에 느꼈다. 바로 그때, 한 가지 생각이 머리를 스쳤고 나는 마엘에게 말했다.

"갈매기 **깃털** 하나 뽑아 봐! 얼른!"

그 말을 들은 갈매기가 화들짝 놀라며 외쳤다.

"안 돼! 내 깃털이 얼마나 소중한데!"

"**서로 연대**하고 있다는 걸 보여줘야지." 마엘이 갈매기를 설득했다. "마치… 마치 삼총사처럼 말이야. '하나는 모두를 위해, 모두는 하나를 위해!' 오늘은 우리가 네 도움을 필요로 하지만… 내일은 우리가 너를 지켜줄 수 있어!"

마엘의 이야기가 마음을 움직인 모양인지, 갈매기가 투덜거리며 말했다.

"좋아. 무슨 말인지 다 이해할 수는 없지만 깃털 하나 정도는 주도록 하지…. 단, 내가 직접 뽑겠어."

갈매기는 목을 구부려 배 쪽에 난 하얀 깃털을 **작은** 비명 소리와 함께 뽑은 뒤, 마엘에게 건넸다. 마엘은 깃털을 받아들었고, 내 왼손을 꼭 붙잡은 채로 깃털로 내 코를 쓸었다. 반응은 금방 왔다.

"에엣취!"

우리는 금방 본래의 크기로 돌아왔다.

그러자 아까 봤던 돌고래가 아직 **새끼**에 불과한 것이 보였다. 우리가 도와주기에는 그편이 더 쉬워 보여서 다행이었다. 몇 분

간 애를 쓴 뒤에, 우리는 등지느러미를 둘러싸고 있던 **비닐봉지**를 벗겨내는 데 성공했다. 하지만 돌고래를 바다 쪽으로 밀어내는 건 역부족이었다.

"얘들아 기다려. 우리가 도와줄게!" 어딘가에서 누군가가 외치는 소리가 들렸다.

해안 도로를 거닐던 세 명의 청년이 우리가 있는 해변으로 내려오고 있었다. 우리는 다 함께 힘을 합쳐 헤엄을 치기에 충분한 깊이의 지점까지 돌고래를 밀어주는 데 성공했다. 저 멀리 헤엄쳐 나가며, 돌고래는 고맙다는 듯 우리 쪽으로 몸을 돌려 한 번 아름다운 **공중 돌기**를 해 보였다.

어부라는 직업

⭐ 이번 일을 통해 마엘은 플라스틱의 위험성에 대해 반 친구들에게 알려야겠다고 **결심하게 되었다**.

"너희 아빠가 우리 반에 직업에 대한 이야기를 들려주러 올 때, **해양 오염**에 대한 질문을 잊지 말고 꼭 해야겠어." 마엘이 내게 말했다.

"아빠한테 해야 할 질문들을 하나부터 열까지 생각해 보자. 그런 다음에 활발한 분위기를 위해 친구들에게 질문지를 나눠 주는 거야."

마엘과 나는 목요일까지 학교를 마치고 저녁마다 함께 질문지를 만들었다.

내 친구 울새는 정원에 나와 보라며 작게 불평하는 듯한 울음소리를 냈고, 빨강이는 자신을 홀로 내버려 둔다고 항의하듯 꼬꼬댁거렸다. 나는 울새와 빨강이에게 해명했다.

"너흴 버린 게 아니야…. 바다도 지금 **커다란 위험**에 빠져 있어. 도움이 되기 위해서는 노력해야만 해."

"나 참." 마엘이 투덜거리며 말했다. "**환경을 지키는 슈퍼히어로**가 된다는 건, 쉴 틈 없이 임무가 주어지는 거구나!"

"맞아. 하지만 **이렇게** 할 일이 많은데 가만히 앉아만 있을 순 없어!"

★★★

목요일이 되었다. 아빠는 약간은 주눅이 든 모습으로 칠판 앞에 섰다. 그리고 바다와 어부로서의 직업에 대한 열정, 물고기의 수가 **점점 줄어들면서** 겪는 어려움, 기상이 좋지 못한 날에 닥치는 **위험들**, 그물망을 걷졌을 때 함께 딸려 올라오는 다양한 **쓰레기들**에 대한 이야기를 들려주었다.

나는 아빠가 자랑스러웠다. 그리고 반 친구들이 아빠가 하는 이야기를 주의 깊게 경청하는 것에 놀랐다.

얼마 후에는 질문들이 쏟아졌다.

"매일 바다로 흘러들어가는 **플라스틱 쓰레기**의 양이 **700톤***이나 된다는 게 정말이에요?" 카미유가 걱정스러운 듯 물었다.

"전문가들에 따르면 그렇다는구나."

"플랑크톤이 **오염** 때문에 죽으면 지구의 모든 생명체가 위험

---

* 프랑스 국립해양개발연구소(IFREMER)의 전문가들에 따르면, 매일 지중해로 유입되는 쓰레기의 양은 700톤에 달한다고 한다. 지중해는 오늘날 플라스틱 오염으로 인해 가장 많은 영향을 받는 바다 중 하나다.

에 처한다는 것도요?" 넬리가 질문했다.

"물론이지." 아빠가 답했다. "플랑크톤은 바다에 산소를 공급한단다. 그러니 플랑크톤이 사라지면 해양 생태계도 **사라질 거야**. 바다가 죽는 거지…. 그리고 바다 없이는 인간도 살 수가 없단다."

"**재앙**이 따로 없네요." 멜로디가 울먹거리며 말했다.

"지금이라도 우리가 행동한다면 **파괴**로 향하는 흐름을 역전시킬 수 있단다!" 아빠가 말했다.

"맞아요." 언제나 낙천적인 기욤이 말했다. "곤충들을 구하는 걸로 시작했으니까, 이제는 바다를 구해보자! 우리는 **슈퍼히어로**잖아. 그렇지?" 기욤이 두 팔을 번쩍 들며 자리에서 일어나 외쳤다.

우리는 반쯤은 심각하고 반쯤은 장난삼아 모두가 자리에서 일어나 상상의 무기를 흔들며 외쳤다.

"**우린 슈퍼히어로다!**"

아빠는 미소를 지었다. 카라벨 선생님이 손을 들어 우리를 진정시킨 다음, 우리에게 물었다.

"바다를 지킬 **아이디어**가 있니?"

그러자 너도나도 손을 들며 아이디어를 쏟아냈다.

"바닷가, 모래사장, 해안도로에 있는 **쓰레기들**을 모두 줍는 것부터 시작하면 돼요!" 기욤이 제안했다.

"그럼 쓰레기들이 파도나 태풍에 의해 먼바다로 쓸려가지 않을 거예요." 레나가 덧붙였다.

"에이, 싫어!" 롤랑이 불평했다. "내가 무슨 청소부야?"

"쓰레기들은 너무 역겨워!" 멜로디가 얼굴을 잔뜩 찌푸리며 말했다.

"그건 맞아. 하지만 그걸로 몇몇 해양 동물의 죽음을 피할 수 있다면야! 돌고래, 바다표범, 거북이, 고래, 물고기들이 쓰레기들을 먹는대. 그건 동물들에게 정말 해로워." 나는 아빠가 했던 말을 완벽하게 이해했다는 걸 보여주기 위해 아빠의 말을 그대로 되풀이했다.

"훌륭한 생각이구나." 카라벨 선생님이 말했다. "시청의 관련 부서 담당자에게 선생님이 한번 말해보도록 할게. 그럼 그쪽에서 우리가 어떻게 해야 할지 알려줄 거야."

"우리가 해야 하는 일이 또 있어요." 넬리가 말했다. "상점에서 비닐봉지를 더는 사용하지 못하게 하는 거예요."

"그럼 마트에서 과일이나 채소 무게를 잴 때 어디에 담아?" 말로가 물었다.

"그거야 종이봉투에 담으면 되지!" 뤼카가 자신의 대답에 스스로 만족한 듯 말했다.

"어떤 상점에서는 이미 그렇게 하고 있단다. 하지만 전부는 아니지." 카라벨 선생님이 말했다.

"거기다, 시장에서도 그렇고 생선을 파는 곳에서는 비닐봉지에 생선을 포장해서 주잖아요…. 다른 곳들보다 더 주의해야 하는 곳인데 말이죠." 카미유가 말했다.

"네 말이 맞아. 나도 그 생각을 했단다." 선생님이 말했다.

"그럼 상인들을 한 명씩 만나러 다니면서 **플라스틱의 위험성**에 대해 설명해야겠네요?" 말로가 제안했다.

"그거 **좋은 생각**이구나." 아빠가 말했다.

"종이봉투를 직접 만들어도 좋을 것 같아요…. 프랑스 북부에 사는 중학생들이 지역 신문지를 활용해서 종이봉투를 만드는 걸 TV 르포에서 봤어요! 결과물이 꽤 좋던데요. 제가 어떻게 만드는지 더 알아볼게요."

"**오, 좋아!** 그거 재미있겠다!"

"신문지로 음식물을 포장할 수는 없단다." 선생님이 말했다.

"그럼 크기를 크게 하고 손잡이를 달아서 장바구니로 만들면 되잖아요."

"천으로 바느질해서 가방을 만들면 어때요?" 롤랑이 물었다. "엄마 재봉틀을 쓰는 게 재밌거든요!"

"천으로 된 가방이면 **무한히** 재사용이 가능하겠다! 더러워지면 세탁하면 되잖아! **해결책 나왔네!**" 뤼카가 신나 하며 외쳤다.

54

"그 위에 글씨를 쓰거나 그림을 그려서 나만의 가방을 만들어도 되고요!"

"아니면 단추나 리본을 달아도 되고…." 레나가 얼굴을 붉히며 말했다.

"나도 재봉틀 사용할 줄 알아." 넬리가 말했다.

"선생님도 재봉틀을 가져오도록 할게." 카라벨 선생님이 말했다. "궁금한 친구들을 위해 선생님이 어떻게 사용하는지 알려줄게. 하나도 어렵지 않거든. 좋아. 이제 태오네 아버지께 이야기를 들려주셔서 감사하다고 말씀드리고 이만 집으로 보내드리자. 우리는 수학 수업을 마저 해야 하니까. 우리의 새로운 미션이 될 아이디어들은 **모두** 내일 적어보는 시간을 갖기로 하자. 함께 의논한 다음에 작전을 세우는 거야. 알겠지?"

반 친구들 모두가 입을 모아 외쳤다. **"좋아요!"**

하지만 우리 중 누구도 수학 공부에 대한 의욕은 생기지 않았다!

루이 형의 도움

다음날, 저녁 식사를 하는 동안 나는 가족에게 우리 반에서 바다를 구하기로 했다는 사실을 이야기했다.

"카라벨 선생님이 시장님께 우리의 계획을 알렸는데 되게 좋아하셨대요. 시청에서도 우리를 지원해 준다고 했어요."

내가 환경에 대해 이야기할 때마다 루이 형은 지루해 죽겠다는 표정을 짓곤 했다. 하지만 오늘은 내 말을 경청하더니 관심을 보이며 이렇게 말했다.

"지역 신문지로 가방을 만든다고? 그거 멋진데!"

"정말?"

"응. 우리 기술 선생님이 학급 내에서 실천할 수 있는 **환경** 프로젝트에 대해 생각해 보라고 했거든. 그것도 브르타뉴 지방의 가치를 강조할 수 있는 걸로. 우리 조는 아직 아무런 아이디어도 못 내고 있었어. 네 아이디어가 딱인데?"

"나도 내 친구들에게 부모님이 다 읽은 신문지를 가져오라고 할 수 있어." 시도가 말했다.

"우린 아마 신문 이름이 빨간색으로 커다랗게 적힌 표지만 사용할 거야. 사람들이 우리가 만든 가방으로 장을 본 다음 물건들을 담아가지고 다닌다면, **재활용된 종이**를 사용함으로써 친환경적인 행동을 하게 되는 거지…. 그리고 동시에 우리 지역과 지역 신문을 홍보하는 게 되고!"

"아주 좋은 프로젝트 같구나." 엄마가 말했다.

"만(灣)에 쌓여 있는 **녹조류** 문제에 대한 해결책도 찾을 수 있다면 좋겠는데." 아빠가 중얼거렸다.

"돼지 사육장에서 사용된 **더러운 물질들** 때문이잖아요!" 루이 형이 빈정거리며 말했다.

"그리고 밭에 뿌려진 **독성 물질** 때문이기도 하지." 내가 덧붙여 말했다.

"그걸 네가 어떻게 알아?" 형이 내게 물었다.

"그거야, 인터넷에서 검색했지."

우리는 환경 문제에 관해 이야기를 나누며 저녁 식사를 끝마쳤다.

식사가 끝나자마자 루이 형은 사과 하나를 집어들고 방으로 올라가면서 이렇게 말했다.

"오늘 나온 내 아이디어들을 모두 쓸 거야…. 내일이면 내가 우리 학교의 **왕**이 될 테지!"

"그건 형의 아이디어가 아니잖아. 우리 반 전체의 아이디어지!" 잘못된 걸 바로잡고자 내가 외쳤다.

하지만 형은 그 말과 동시에 문을 닫고 방으로 들어가 버렸다. 형이 내 말을 들었는지 확신할 수 없었다. 그래도 어쨌든 형이 우리를 도우려 한다는 것에 나는 **매우 만족했다**. 형 역시 위험에 빠진 지구를 인식했다는 뜻이니까.

오늘은 내가 식탁을 정리할 차례였다. 엄마가 중고물품 바자회에서 가져온 대야 속에 남은 파스타 면, 사과 껍질, 빵 조각을 담으며 나는 시도에게 말했다.

"너도 갈래? 빨강이, 콕콕이, 복실이에게 먹이를 주러 갈 건데."

빨강이, 콕콕이, 복실이는 얼마 전* 부모님이 **공장식 양계장**에서 사 온 암탉들에게 우리가 붙여준 예쁜 이름이다. 이제 암탉들은 우리가 정원 한쪽에 마련해 준 집에서 알을 낳으며 **행복하게** 살고 있다. 그리고 우리 가족은 달걀을 맛있게 먹고 있다.

"그럼 돌고래, 바다표범, 물고기들도 꿀벌과 암탉들만큼 **불행**한 거야?" 시도가 걱정스레 물었다.

"맞아. 그들도 마찬가지지."

"그럼 이번에도 오빠가 그들을 도와줄 거야?"

* 《환경 슈퍼히어로 태오 2권: 암탉들을 구하라》 참고.

"혼자서는 하나도 해낼 수 없을 거야. 바다를 구하려면 **우리 모두**가 자신의 일처럼 생각해야 해."

"나도 동참할 준비가 됐어."

"고마워 시도. 너는 **환경을 지키는 슈퍼히어로**가 될 자격이 충분해."

빨강이는 우리의 대화가 궁금하다는 듯이 우리에게로 가까이 다가왔다. 하지만 지금은 **소인**으로 변하지 않았기 때문에 동물의 언어로 말할 수 없었고, 빨강이가 내 말을 모두 알아들었는지 알 수 없었다. 하지만 빨강이는 고개를 숙여 **작고** 동그란 눈으로 나를 바라보면서 여러 번 '꼬꼬댁' 소리를 냈다.

사과나무 가지에 올라앉은 내 친구 울새가 우리의 이야기를 듣고 있었고, 덤불 속에서 들리는 울음소리와 나뭇잎이 바스락거리는 소리로 곤충들 역시 가까이 있다는 걸 알 수 있었다. 그래서 나는 모두가 나를 격려하기 위해 왔다고 생각했다. 하지만 여동생이 나를 놀릴까 봐 굳이 입 밖으로 그걸 **소리 내서** 말하지는 않았다.

쓰레기장

며칠 뒤, 우리 반 친구들은 모두 학교 운동장에 모였다. 장화를 신고, 모자를 쓰고, 비닐장갑을 끼고, 기다란 집게, 양동이, 삽, **커다란** 종이봉투를 든 채였다. 그중에 멜로디만이 홀로

아무런 도구도 갖추지 않고 서 있었다. 나는 물었다.

"멜로디, 너는 안 가?"

"엄마가 원치 않으셔. 해안가에 벌써 녹조가 퍼져 있어서 **독성 물질**에 노출될 위험이 있대."

다른 브르타뉴 지방과 마찬가지로, 이곳의 해변에도 날이 따뜻할 때면 녹조가 매우 **위험한 가스**를 내뿜는다는 사실을 알고 있었다. 나는 선생님에게 질문했다.

"그게 정말이에요 선생님?"

"안타깝지만 그렇단다. 이미 **여러 장소**에 포진해 있지. 하지만 우리가 가는 곳에는 없어."

그리고 선생님은 멜로디에게 이렇게 말했다.

"네 부모님께서 외출을 허락해 주지 않아서 멜로디는 2학년 학생들과 함께 있어야겠구나. 천 가방에 그려넣을 만한 예쁜 그림을 먼저 그려보고 있으렴."

우리와 함께 가지 못한다는 사실에 실망한 멜로디는 학교 건물 안으로 들어갔다. 나는 마엘 쪽으로 몸을 돌리고 말했다.

"녹조도 바다의 **심각한** 문제네!"

마엘은 고개를 끄덕였고, **침울한** 눈으로 나를 바라보았다.

★★★

해변에 도착하고 나서, 우리는 대열을 갖추었다.

일주일 내내 해안가를 청소하기 위한 최선의 방식에 대해 고민한 결과, 우리는 여러 개의 조를 짜서 활동하기로 했다. 각각의 조가 한 가지 종류의 쓰레기를 맡아 치우기로 한 것이다.

"모든 쓰레기를 같은 봉투 안에 담으면 안 돼." 카라벨 선생님이 우리에게 말했다. "나중에 재활용하는 작업이 어려워질 수 있거든."

그러자 여기저기서 불평하는 소리가 터져 나왔다. 담배꽁초나 휴지를 줍고 싶어 하는 사람은 아무도 없었다! 어떤 친구들은 알루미늄 깡통, 또 어떤 친구들은 유리병, 다른 친구들은 플라스틱병과 봉투만 줍고 싶다고 성화였다.

"그럼 제비뽑기로 결정해야겠구나!" 카라벨 선생님이 제안했다.

선생님은 종이에 각기 다른 쓰레기의 종류를 적었고, 각각 네 명씩 한 조를 이루어 대표자가 종이를 뽑아 결과를 외쳤다.

"담배꽁초와 휴지!" 내가 우울한 목소리로 읽었다.

마엘은 못마땅한 눈으로 나를 바라보았지만, 우리와 함께 조가 된 기욤은 시원스레 웃어 보였다.

"**담배꽁초**라, 그거 재미있겠다!" 기욤이 내게 말했다.

기욤이 나를 놀린다고 생각해 나는 투덜거렸다.

"그럴 리가! 담배꽁초는 **역겨워!**"

"그리고 아주 심한 **오염 물질**이지. 어디서 읽었는데, 프랑스에서 매년 바닥에 버려지는 **담배꽁초**가 300억 개에 달한대. 그리고 토양으로 스며드는 **화학 성분**이 3천 개 이상이나 된대!"

"정말?" 네 번째 조원인 넬리가 분노하며 외쳤다.

"응. 하지만 담배꽁초를 모아서 재활용하는 기업들이 있대. 그러니까 우리가 **많이** 모을수록 바다와 해변의 오염도 **줄어들게** 되는 셈이지…."

그 말에 우리 조는 의욕을 되찾았다.

시장님의 보좌관이 우리에게 티셔츠를 하나씩 나눠주었다. 티셔츠 위에는 초록색으로 **환경을 지키는 슈퍼히어로**라고 적혀 있었다.

"여러분의 활동에 감사하는 의미로 제작했지요!" 보좌관이 우리에게 알려주었다.

우리는 미소를 짓고 뿌듯함을 느끼며 서로서로 감탄했다. 이 티셔츠를 입다니 얼마나 자랑스러운지! 카라벨 선생님도 하나를 받았다!

"자, 선생님이 지침을 알려줄게." 선생님이 말했다. "네 명씩 한 조를 이루어 이동하는 거야. 세 명은 쓰레기를 줍고, 한 명은 봉투를 들고 다니렴. 반드시 **장갑**을 낀 손으로 집게와 삽을 사용하고, 맨손으로는 절대 **쓰레기**를 주워선 안 돼. 다칠 수 있으니까. 쓰레기를 찾으면 봉투를 든 친구에게 주면 돼. 봉투가 너무 **무거워지면**, 여기 시청의 기술 관리부서 담당자 옆에 놓아두면 봉투를 트럭에 실어주실 거야. 역할은 30분마다 돌아가면서 바꾼다. 한 사람만 계속 봉투를 들고 다니면 안 되겠지?"

우리는 모래사장, 바위, 해안도로 쪽으로 제각기 흩어졌다.

날씨는 좋았다. 갈매기들이 멀리서 우리들을 지켜보고 있었고, 그중 한 마리는 나를 격려하려는 건지 몇 미터 떨어진 곳까지 가까이 다가왔다. 나는 그게 물에 빠졌던 나를 구해주었던 그 갈매기일 거라 확신했다.

게다가 그 갈매기는 동그란 눈을 찡긋해 보이며 **친밀함**을 보였다.

"저번에 봤던 그 갈매기인가?" 마엘이 내게 물었다.

"그런 것 같아. 왼쪽 눈 옆에 검은색 얼룩이 있거든. 그걸로 알아보고 있어."

우리는 각 조의 이름을 조마다 주워야 하는 쓰레기의 이름으로 정했다. 그래서 서로를 그렇게 부르면서 장난을 치기 시작했다.

"어이, 꽁초들!" 롤랑이 내게 외쳤다. "여기 **꽁초** 엄청 많다."

"어이, 깡통들!" 나도 똑같은 말투로 대답했다. "이쪽에도 **깡통** 두 개 두고 갔네!"

"어이, 플라스틱들! 너희 앞이 잘 안 보이니?" 유리병 조가 놀리며 말했다. "여기 금작화 밭에 **비닐봉지**가 널려 있잖아!"

우리는 한바탕 웃었다. 봉투의 무게를 가늠해 보고, 중간중간 수다를 떨고, 새들의 비행에 감탄하고, 바다를 구경하며 휴식도 취했다.

그런가 하면 이따금 분노나 놀라움의 **고함소리**가 터져 나왔다. 기욤은 바위틈에서 자동차 배터리를 발견했고, 카미유는 모래 속에서 오븐용 과자틀을 파냈다…. 알루미늄 깡통 수십 개, 수많은 플라스틱병과 깨진 유리병 몇 개도 있었다.

"어린애들이 다칠 수도 있겠어." 마엘이 속상해하며 말했다.

비닐봉투는 바닷물과 햇빛, 갈매기의 공격에 의해 작은 조각으로 찢겨나가 손으로 잡기 힘들 정도였다.

"저것 봐. 플라스틱 조각들이 **너무 작고 투명해서** 물고기, 거북이, 돌고래, 고래, 물개들은 자기들이 좋아하는 플랑크톤인 줄 알겠어. 저걸 먹으면 결국 죽게 되는 거야." 카라벨 선생님이 우리에게 말했다.

"이것 봐. 돌고래인가 봐!" 레나가 손가락으로 바다를 가리키며 외쳤다.

"내 친구야!" 나는 조금은 성급하게 외쳤다.

"아는 돌고래야?" 뤼카가 놀라며 물었다.

"조금. 저번에 지느러미에 비닐봉지가 둘러져 있길래 마엘과 같이 벗겨줬어."

"우리가 일을 제대로 하는지 감시하러 왔나 보네." 야닉이 농담하며 말했다.

돌고래의 친구가 되었다는 사실에 뿌듯함을 느끼며 내가 말했다.

"맞아. 바로 그거지. 그러니까 실망시키면 안 되겠지?"

오후 4시가 되자 꽤 많은 쓰레기가 모였다. 트럭이 가득 찰 정도였다.

그리고 그때, 시장님에게 우리의 이야기를 들었는지 한 기자가 인터뷰를 하러 왔다. 마엘과 내가 바다를 구하는 일에 가장 열심이었기 때문에, 우리가 기자의 질문에 대답했다. 카라벨 선생님이 우리를 도와주었다.

"무엇보다도 독자들이 비닐봉지 사용을 거부하고 재활용 쓰레기를 분리해서 배출하도록 강조해 주세요. 바다가 죽지 않도록 말이에요." 내가 말했다.

"아이들이 지구를 구하는 일에 이렇게 관심이 많다니 **놀랍네요.**" 기자가 말했다.

"전혀 놀라운 게 아니에요." 내가 말했다. "우리가 우리의 운명을 스스로 결정하지 않으면 우리의 미래는 **망할 거예요!** 아이들도 행동할 수 있다고요!"

친구들이 눈으로 나를 응원하고 있었다. 솔직히 나도 내가 이 말을 어떻게 생각해 냈는지 알 수 없었다. 나는 또 이렇게 덧붙여 말했다.

"우리는 우리 마을이 브르타뉴…, 아니 프랑스에서 가장 친환경적인 마을이 되었으면 좋겠어요."

"까다로운 일이겠어요." 기자가 지적했다.

그러자 뤼카가 자신이 입고 있는 티셔츠를 가리키며 커다란 목소리로 외쳤다.

"우리는 **환경을 지키는 슈퍼히어로**니까 해낼 수 있어요!"

기자는 그 문장을 수첩에 적었고, 우리는 신문에 실릴 사진을 찍기 위해 포즈를 취했다.

우리는 **모두 행복**한 기분으로 학교로 되돌아갔다.

이게 무슨 소용 있나?

나는 마엘과 함께 집으로 돌아왔다. 나는 나 자신과 우리가 한 일에 뿌듯함을 느꼈고, 기분이 **엄청나게** 좋았다.

마엘은 뭔가 할 말이 있는 듯 보였지만 아무 말도 하지 않았다. 내가 물었다.

"무슨 일 있어?"

"음… 아니. 우리가 모래사장을 고작 **몇 미터** 정도 청소했다고 해서 바다를 구할 수 있을까?"

"음… 모든 일에는 시작이 있는 법이잖아."

"해변뿐만이 아니라, 바다로 흘러들어가는 호수, 강, 개울 역시 깨끗해져야 해…. 그걸 다 어떻게 할 수 있겠어. 거기다 녹조 문제는 아직 꺼내지도 않았는데 말이야!"

마엘은 **의기소침**해져서 어깨를 축 늘어뜨렸다.

마엘이 내 사기까지 떨어뜨리고 있었다!

"그래도 아무것도 시도하지 않으면 상황은 **더 나빠질 거야!**" 내가 말했다.

"그것도 맞지…."

"우리가 좋은 방법을 찾아 설득하면 사람들이 뒤따라 할 거라 확신해. 바다가 **쓰레기통**이 되길 바라는 사람은 없잖아."

"정말 그렇게 생각해?"

"당연하지!"

사실 마엘에게는 그렇게 말했지만, 나도 자신은 없었다…. 그래도 **낙관적인 태도**를 가지기로 했다. 우리가 세운 계획의 긍정적인 면을 강조하기 위해 나는 계속해서 말했다.

"**재사용이 가능한 가방**을 만들기 위해 엄마한테 천을 달라고 하는 거 잊지 마."

"아 맞다. 그거 정말 **멋진** 생각이야!" 마엘이 미소를 되찾았다.

우리 집 대문 앞에서 우리는 평소처럼 내일 아침에 만나 학교에 함께 가기로 약속한 뒤 헤어졌다.

정원을 지나는 내 발걸음은 무거웠다. 무당벌레가 내 주위를 돌며 내 눈치를 살피는 게 느껴졌다. 나는 손등으로 무당벌레를 쫓아버렸다. 지금은 곤충들의 문제까지 듣고 싶지 않았다. 하지만 내 손길을 피한 무당벌레는 내 왼쪽 뺨에 내려앉았다….

그리고 **푸슈슉!** 나는 또다시 **소인**이 되었다.

몇 초 만에 내 주위로 곤충과 새들이 몰려들었고, 저 멀리서 침을 뚝뚝 흘리며 달팽이들이 내 쪽으로 다가오고 있었다.

"너 설마 포기하려는 거 아니지? 응?" 내 친구 울새가 내게 물었다.

"**해양 오염**이 너무 **엄청난** 문제라…."

"그래서?" 꿀벌이 끼어들며 말했다. "**토양 오염**도 마찬가지로 엄청난 문제야. 그래도 우릴 도와주기로 결심했었잖아."

"그래. 하지만…."

"네 친구들과 함께 그 **끔찍한** 양계장에서 우리를 꺼내주는 데 성공도 했잖아." 빨강이가 말했다.

"아, 맞아. 아주 뿌듯했지. 하지만…."

"물론 인간들이 강과 바다에 아무것도 내다 버리지 않게 되기까지는 시간이 걸릴 거야…. 하지만 **너희 어린이들이 함께해 준다면** 가능한 일이 될 거라고!" 내 새로운 친구 갈매기가 닭장 지붕에 앉아서 말했다. "그러니까 태오야 포기하지 마. 우리가 널 믿고 있어!" 갈매기가 날카로운 목소리로 외쳤다.

거기에 모인 모든 작은 동물들이 한목소리로 같은 말을 반복적으로 외쳤고, 그 바람에 엄청난 소란이 일었다!

"태오야, 집에 왔니?" 엄마가 현관문을 열며 물었다.

"어서!" 내가 무당벌레에게 말했다. "다시 원래 크기로 돌아가야 해. 엄마가 나를 못 보면 걱정하실 거야."

"해양 동물들을 포기하지 않는다고 약속할 거야?" 갈매기가 물었다.

"정원의 동물들도?" 꿀벌이 덧붙였다.

"약속할게!"

그러자 갈매기가 날개 끝으로 내 코를 스쳤고, 푸슈쉭! 나는 눈 깜짝할 새에 다시 커다랗게 변했다. 나는 집 안으로 후다닥 들어갔다. 의욕을 완전히 되찾은 나는 바다를 구하기 위한 새로운 임무를 수행하기로 굳게 결심했다.

멋진 계획들

다음날 아침, 우리가 교실로 들어왔을 때, 카라벨 선생님은 시장님과 한창 대화를 하고 있었다.

"시장님이 해안가를 청소하려는 여러분의 활동에 관심이 많아 여러분에게 제안할 것이 여러 가지 있다고 하시는구나."

"안녕하세요 우리 친구들!" 시장님이 말했다. "먼저 여러분의 활동을 **축하하고** 싶습니다. 여러분의 활동이 우리 지역 다른 학교들의 참여도 이끌어 낸다면 좋을 것 같아요. 다 함께 힘을 모아야 사람들의 사고방식을 **바꿀 수 있을** 테니까요."

우리는 서로 눈을 찡긋하며 만족의 미소를 지었다.

"여러분도 알겠지만, 저는 우리 브르타뉴 지방을 가능한 한 가장 **친환경적인 곳**으로 만들기로 결심했습니다. 어느 정도는 여러분의 덕택이지요. 그리고 우리의 친구 암탉들이 살기에 가장 좋은….".

"와아, 그거 너무 좋아요!" 넬리가 시장님의 말을 끊고 외쳤다.

카라벨 선생님이 눈을 **커다랗게** 떠 보였고, 시장님은 다시 말을 이었다.

"그리고 로컬 식재료와 유기농 식재료를 도입하면서 급식의 질을 개선했고….".

"전보다 정말 맛있어졌어요!" 기욤이 외쳤다.

"실제로 이 학교 급식 요리사도 **음식물 낭비**가 확연히 줄었다고 하더군요. 이것 역시 여러분 덕택입니다. 더 축하하고 싶지만, 지금은 바다를 지키기 위해 여러분이 실행하고 있는 활동에 대한 이야기로 돌아오도록 하지요. 여러분에게 제안할 아이디어가 몇 가지 있어요. 여러분이 이걸 실천해 주면 좋겠군요."

시장님이 우리의 도움을 필요로 한다는 사실에 우리는 **놀라움과 뿌듯함**으로 서로를 바라보았다.

"사람들이 플라스틱병이나 유리병, 알루미늄 깡통을 수거해 오도록 격려하고자, 도시 곳곳에 **수거함**을 설치하려고 합니다.

병이나 깡통 하나를 수거 기계에 넣으면 토큰이 하나씩 나오지요. 그리고 토큰을 백 개 모으면 영화 티켓 한 장이나 공공 수영장 입장권으로 바꿔줄 계획입니다!"

"**멋져요!**" 내가 외쳤다.

"이 사실을 부모님과 친구, 이웃에게 알려주세요! 앞으로 시행될 이 조치를 모르는 사람이 **아무도** 없게 말이지요."

"주변에서 병이나 깡통을 보게 되면 그걸 주워다가 수거함에 넣고 토큰을 얻으면 되겠네요!" 말로가 신나하며 외쳤다.

"바로 그겁니다! 우리 지역에도 플라스틱병을 재활용하는 기업이 생겼지요. 거기서 플라스틱으로 뭘 만드는지 아나요?"

"음, 몰라요."

"이불, 절연제, 나아가 옷까지 만든답니다! 유리나 깡통의 알루미늄은 **무한히 재활용**이 가능하고, 그걸 맡아서 하고 있는 공장들이 여럿 있어요."

"**담배꽁초**는요?" 마엘이 물었다.

"담배꽁초는 문제가 조금 더 어려워요." 시장님이 말했다. "흡연자들이 꽁초를 아무 데서나 짓이기고, 그러면 꽁초가 사라질 거라 생각하죠. 꽁초는 **작으니까요.**"

"하지만 오히려 반대예요! 환경을 **매우 오염**시킨다고요!" 카미유가 말했다.

"시청의 기술 관리부서가 꽁초를 수거하고 재활용하는 방법에 대해 고심하고 있답니다."

"그럼 **비닐봉지**는요? 그건 어떻게 해요?" 니콜라가 물었다.

"비닐봉지는 그 자체로 **엄청난** 오염원이지요. 매년 전 세계에서 5천억 개의 비닐봉지가 배출된다고 해요.* 그중 다수가 호수,

---

* 환경에 관한 프랑스 통계 사이트 플라네토스코프(Planetoscope)에 따르면, 1초마다 세계에서 배포되는 비닐봉투의 수는 약 1만 6천 개에 달한다고 한다. 1년으로 따지면 5천억 개로 엄청난 양이다!

개울, 강, 그리고 바다로 흘러들어가 해양 생태계를 오염시키지요."

하고 싶은 말이 있었던 나는 입이 근질근질한 것을 참지 못하고 외쳤다.

"저희에게 아이디어가 있어요!"

"오, 다행이군요. 어디 한번 들어볼까요?" 시장님이 말했다.

나는 친구들의 응원에 자리에서 일어나서 설명했다.

"제 형과 형의 중학교 친구들이 우리 지역의 신문지로 종이 봉투를 만들기로 했어요."

"멋지군요!"

"그리고 우리 반에서는 시장이나 대형 마트에서 과일이나 채소를 담는 데 사용할 천 가방을 만들기로 했어요."

"아주 **훌륭한 생각**이로군요." 시장님이 우리를 칭찬하며 말했다.

좋은 분위기를 틈타, 내가 말했다.

"일부 해안가에 **독성 물질**을 내뿜는 **녹조 현상**에 대해서는 어떻게 하실 건가요?"

그 말에 시장님의 얼굴이 어두워졌다.

나는 아빠와 형과 대화를 나눈 뒤에, 녹조 문제는 돼지들의 **공장식 사육**이 주된 원인이라는 사실을 알게 되었다. 비료로 사용되는 돼지의 분뇨가 토양을 오염시키기 때문이었다. 그리고 비가 내리면서 오염된 토양의 분뇨가 강과 바다까지 흘러들어간다. 집약적 농업에서 사용되는 **화학 물질** 역시 녹조 현상을 가속화하고 있었다.

"그건 아주 **심각한 문제**입니다." 시장님이 말했다. "혼자서는 해결할 수가 없지요. 하지만 수년 전부터 우리 지역은 상황을 개선할 해결책을 찾는 단체의 일원이 되어서 노력하고 있답니다. 여러분 덕분에 **공장식 양계장**이 유기농 및 야외 방사의 형태로 변화되었기도 하고요."

"잘 됐네요!" 카미유가 기뻐했다.

"하지만 이건 아직 시작에 불과합니다. 아직도 국회의원, 농업인, 축산업자, 지구를 위험에 처하게 만드는 사람들, 그리고 **화학 물질**을 지나치게 많이 사용했을 때 즉각적으로 위험에 처하게 될 사람들을 여전히 **일깨워야** 하지요. 최근에 밝혀진 사실들이 이런 상황을 조금은 나아지게 할 수도 있습니다만…."

"뭔데요?" 우리가 한목소리로 외쳤다.

"어떤 농업인들이 메밀가루를 밭에 뿌렸다고 합니다. 우리가 갈레트를 만드는 이 멋진 곡물 가루는 토양을 건강하게 만들고 녹조의 생성을 줄여줄 거라고 하네요."

"와, 정말 **멋지네요!**"

시장님은 카라벨 선생님 쪽으로 몸을 돌려 잠깐 대화를 나눈 뒤, 다시 우리에게 말했다.

"지금부터 2주 뒤에 다시 만나도록 합시다. 여러분은 새롭게 만든 가방을 제게 보여주세요. 그때 다 함께 재활용 수거 기계를 보러 가고, 또 여러분이 **담배꽁초** 수거에 관한 좋은 아이디어를 가져오는 걸로 하지요. 여러분이 저를 **환경을 지키는 슈퍼히어로** 클럽에 받아들여줬으니, 이것 하나는 여러분에게 확실하게 약속하지요. 우리가 다 함께 **환경오염**을 물리치는 겁니다!"

희망찬 기운에 휩싸인 우리는 다 함께 손이 빨개지도록 박수를 쳤다.

새로운
아이디어들

🦀 2주 동안 내 기분은 마치 브르타뉴의 하늘 같았다. 어쩔 땐 맑았다가, 어쩔 땐 흐렸다가, 또 어쩔 땐 폭풍우가 몰아쳤다.

나는 **용기**를 얻기 위해 몇 번이나 해안가로 나갔다. 모래사장이나 바위에 앉아서 파도치는 소리를 들으며 갈매기의 비행에 감탄하고, 인간의 잘못으로 인해 이 **모든 것들이 사라지게 해서는 안 된다**고 다짐했다.

하루는 돌고래를 발견했다. 수면 밖으로 **공중제비를 돈** 돌고래는 내 바로 앞까지 헤엄쳐 왔다. 분명히 마엘과 내가 곤경에서 벗어나게 해줬던 바로 그 돌고래였다. 나는 돌고래에게 우리 반

과 시청이 힘을 합쳐, 바다에 더 이상 **플라스틱 쓰레기**가 없도록 최선을 다하겠다고 말했다. 하지만 **소인**의 크기로 변하지 않았기 때문에 돌고래가 내 말을 제대로 이해했는지는 알 수 없었다.

　어제는 새끼 바다표범 두 마리가 몇 미터 앞에서 노닐고 있었다. 그걸 보니 동물들이 서로 소통한다는 사실을 **믿게 되었다**. 마엘과 내가 구해줬던 그 돌고래가 해양 동물들 모두에게 환경을 지키려는 내 활동을 이야기한 건지, 내 얼굴을 보기 위해 내가 있는 곳 가까이 다가온 것 같았다. 이유가 뭐가 됐든 새끼 바다표범들은 나를 봐도 겁먹지 않았다. 기분 좋은 일이었다. 바로 그때, 나는 진정으로 **슈퍼히어로**가 된 것 같다는 기분을 느꼈다.

하지만 이따금 해야 할 일이 막막하게 느껴지면서 내가 아무런 **힘이 없다는 생각**에 사로잡히기도 했다. 그럴 때마다 정원의 곤충들이 나를 위로해 주었다. 때론 울새와 빨강이도 함께였다. 새로운 친구 갈매기 역시 지붕 위에서 나를 응원한다는 듯이 울음소리를 들려주었다.

"저 갈매기는 대체 왜 우리 집 굴뚝에서 목이 터져라 우는 거야?" 놀란 루이 형이 중얼거렸다.

"우릴 응원하는 거야."

"농담이지? 환경을 너무나도 지키고 싶어서 머리가 어떻게 된 거 아니야?"

나는 형 역시 기술 수업에서 종이가방을 만들고 있지 않느냐고 대꾸했다.

"그건 다르지." 형이 변명했다. "나는 동물들한테 말은 안 건다."

말싸움으로 번지는 걸 막기 위해 나는 형에게 질문했다.

"가방 만들기는 어떻게 되고 있어?"

"진행 중이야. 친구 몇 명과 같이 **시제품**을 만들었어. 직접 장을 보면서 얼마나 견고한지 시험해 보려고. 너는? 천 가방 만든다며?"

"우리 반도 벌써 스무 개 정도 만들었어. 다른 반 친구들도 도와주기로 했어."

소파에서 잡지를 읽고 있던 엄마가 고개를 들어 우리에게 말했다.

"그 프로젝트 말인데, 우리 반 아이들에게 말했더니, 학생 여러 명이 자기들도 만들어 보겠다고 하더라."

"**우와!** 모두가 힘을 모으면 해낼 수 있겠어요!"

엄마 옆에서 앨범을 훑어보던 시도가 대화에 끼어들며 말했다.

"우린 그걸 **꾸미기로** 했어!"

"그래?"

"응. 선생님이 그러자고 했어. 천 가방 위에 과일이랑 채소 그림을 그릴 거야. 못생긴 비닐봉지보다 **훨씬 예쁘겠지!** 모두가 갖고 싶어 할 거야!" 시도가 으스대며 말했다.

나는 시도를 환경 보호에 동참시킨 것에 뿌듯함을 느꼈다. 나는 시도를 칭찬해 주었다.

"네 말이 맞아!"

"메달을 받아야 할 일이야!" 시도가 농담하며 말했다.

나는 손가락으로 이마를 치며 외쳤다.

"**그래 그거야!** 모든 **환경을 지키는 슈퍼히어로**를 위한 배지를 만들어야겠어. 배지를 자랑스럽게 달고 다니면 서로 알아볼 수 있잖아. 친구들에게 제안해 봐야지."

그날 밤, 나는 쉽게 잠에 들지 못했다. 너무 많은 프로젝트들이 머릿속을 맴돌았다. 그리고 별안간 나는 나도 모르게 이렇게 중얼거렸다.

"마분지로 **미니 재떨이**를 만들어서 흡연자들에게 나눠줘야겠어. 바닥에 버리지 말고 거기에 **담배꽁초**를 모은 다음에 수거통에 넣으면 되니까!"

★★★

다음날 아침, 나는 학교로 향하는 길에 마엘에게 새롭게 떠오른 아이디어에 대해 알려주었다.

"미니 재떨이? **바로 그거야!**" 마엘이 신나서 외쳤다.

마엘은 자신이 엄마와 할머니와 함께 바느질한 천 가방들을 보여주었다.

"할머니가 뭔가 유용한 일을 할 수 있다며 **정말 좋아하셨어!**" 마엘이 내게 말했다. "할머니가 황마 자루로 감자를 넣을 가방을 만들고 싶으시대."

"좋은데?"

"다른 친구들도 이만큼 해왔다면 곧 사람들에게 가방을 나눠 줄 수 있겠어."

"**나눠준다고?**" 내가 놀라며 말했다.

"그럼. 가방을 만들어서 다른 사람들이나 대형 마트 입구에서 나눠주지 않으면 사람들은 계속해서 비닐봉지를 사용할 거야."

"그러네!"

그 생각을 미처 떠올리지 못했고, 가방도 만들지 못했다는 사실에 조금 분했다. 우리 집에는 재봉틀이 없었다. 있었더라도 엄마도, 아빠도, 나도 어떻게 사용하는지 몰랐을 것이다. 선생님이 사용 방법을 알려준다니 얼마나 다행인지!

학교에 도착하자, 저번에 **공장식 양계장**에서 가엾은 암탉들을 구입할 돈을 모으던 때처럼* 운동장이 **북적이고** 있었다. 어떤 친구들은 가족끼리 만든 가방을 자랑하고 있었고, 다른 친구들은 플라스틱병, 깡통, 코르크 마개, 천, 종이상자, 담배꽁초를 어떻

* 《환경 슈퍼히어로 태오 2권: 암탉들을 구하라》 참고.

게 **재활용**하는지 설명하는 신문기사를 보여주고 있었다⋯.

"**거의 모든 걸 재활용할 수 있대!**" 말로가 신문기사를 마구 흔들며 외쳤다.

"맞아. 장식용 판을 만드는 회사에 관한 기사를 읽은 적 있어⋯. 또 어떤 회사는 절연제로 만든다고 했어."

"나는 잘게 부서진 플라스틱병으로 정원용 의자와 식탁을 만드는 공장 이야기를 읽었어!"

"원재료 값도 전혀 들지 않고 **환경오염**도 피할 수 있는 거네."

"흡연자들이 길에 **담배꽁초**를 버리지 않도록 마분지로 미니 재떨이를 만들면 어때?" 그런 생각을 해낸 나 자신에 흡족해하며 내가 제안했다.

"**엄청 좋은 생각이야!**" 친구들 몇 명이 소리쳤다.

얼마 후, 카라벨 선생님이 우리를 불렀다. 옆에 시장님이 서 있었다. 시장님이 우리에게 무슨 소식을 들려줄지 기대된 우리는 목소리를 낮춰 말하며 얼른 줄을 지어 섰다. 시장님은 우리에게 인사를 건넨 뒤 말했다.

"**내일부터** 쓰레기 분리수거함이 설치될 예정이랍니다. 사용법과 위치에 대해 설명해 주는 포스터가 여기 있어요. 이걸 상점에 나누어 주어도 좋고, 도시의 여러 장소에 게시해도 좋을 것 같네요. 이 일을 여러분이 맡아주면 좋겠어요."

나는 마엘과 시선을 교환했다. 뤼카, 야닉, 넬리, 그리고 멜로디와 함께 우리는 자발적으로 참여하기로 했다. 나는 손가락을 들어 발언해도 되는지 물었고, 자랑스럽게 말했다.

"저희가 벌써 수백 개의 천 가방을 만들었어요. 유치원에서는 이 가방들을 꾸미기로 했고요. 사람들이 가방을 사용하게 하려면 대형 마트나 시장 입구에서 나눠줘야 할 것 같아요."

"참 좋은 생각이네요." 시장님이 우리를 칭찬했다.

"그리고 흡연자들을 위해 마분지로 **미니 재떨이**를 만들면 좋을 것 같다고 생각했어요."

"**허허!** 그것도 좋은 아이디어군요…. 하지만 그 일은 여러분의 공부할 시간을 너무 뺏을 것 같으니, 재활용 마분지를 사용하는 기업에 재떨이를 만드는 일을 **내가** 직접 맡기도록 하지요. 재떨이 사용을 독려하는 일은 우리 시청의 부서를 도와 해변, 광장, 공원, 정원에서 해주면 좋을 것 같아요. 여러분이 **정말로** 자랑스럽네요!"

우리는 입가에 미소를 띤 채로 몸을 꼿꼿이 세웠다.

"여러분에게 들려줄 **엄청난 소식**이 하나 있어요. 프랑스에서 가장 친환경적인 지역을 뽑는 대회에 우리 마을을 후보로 올렸답니다. **수백 개**의 마을이 이 타이틀을 노리고 있지요…. 하지만 **여러분 덕분에** 우리가 1등을 거머쥘 거라고 확신해요!"

나눠주기

🦀 수요일 오후, 우리 반의 친구 여러 명, 학부모 몇 명, 그리고 내 여동생 시도와 함께 우리는 마을의 대형 마트 입구에 자리를 잡았다. 천 가방, 마분지로 된 미니 재떨이, 신문지로 만든 커다란 장바구니를 나눠주기 위해서였다.

마엘, 말로, 그리고 카미유는 종이로 만든 멋진 배지를 백여 개나 만들었다. 배지 위에는 초록색 글씨로 '나는 **환경을 지키는 슈퍼히어로**입니다'라고 적혀 있었다. 시장님은 재활용된 종이 위에 환경 보전을 위한 우리의 활동을 소개하기 위한 문구를 인쇄했고, 지역 언론이 활동 중인 우리의 모습을 카메라에 담기 위해

그곳에 모였다.

처음에는 우리 모두 잔뜩 긴장했다. 마트를 찾은 고객들이 우리를 무시하거나, 가방을 받기를 거부하거나, 심지어 우리를 조롱할까 봐 걱정이 되었기 때문이다. 하지만 시도의 수완은 기가 막혔다! 시도는 카트를 밀고 있는 사람들에게 가까이 다가가, 거부할 수 없는 미소를 지으며 천 가방을 내밀었다.

"이거 다 공짜예요." 시도가 말했다. "환경을 오염시키고 해양 동물에게 **해로운** 플라스틱 사용을 막기 위해서죠."

시도는 너무나도 귀여웠고 설득력까지 뛰어나, 사람들은 그 말을 듣고는 감히 등을 돌리지 못했다. 말로는 그 틈을 타서 그들을 **환경을 지키는 슈퍼히어로**라고 추켜세우며 배지를 나누어 주었다. 대부분의 사람들은 매우 기뻐했고, 우리에게 어떻게 하면 알맞게 쓰레기를 **분리수거**할 수 있는지 부가적인 설명과 조언을 부탁했다.

우리는 그들에게 정보를 제공했고, 우리 마을이 프랑스에서 가장 친환경적인 마을을 뽑는 대회에 후보로 올랐다는 사실을 알려주면서 **뿌듯함**을 느꼈다. 1등의 기회를 얻기 위해서는 모두가 참여해야 했다!

지역 신문사에서 일하는 사진기자는 자리를 이동해 우리 엄마와 나를 인터뷰했다. 그러고는 사람들에게 천 가방을 건네는 시도의 모습을 사진으로 찍었고, 신문지로 만든 종이가방에 관심을 보였다. 그는 눈을 동그랗게 뜨면서 놀라워했다.

"사장님이 좋아하겠는걸! 우리 신문사를 홍보하는 데도 좋겠어. 환경을 위한 너희들의 활동이 금요일부터 **신문 일면**에 날 수 있도록 나도 동참할게! 그럼 너희가 다른 학교, 고객, 상인들을 설득하는 데 도움이 될 거야."

기쁨의 포효가 마트 안을 울렸다!

몇몇 상인들은 우리에게 다가와 말했다.

"천 가방이 환경에는 확실히 좋은 것 같구나." 신발 상인이 내게 말했다. "내 상점 이름을 넣어서 가방을 만들고 싶어."

"오, 감사해요! 아주머니!" 시도가 기뻐하며 외쳤다. "우리 배지를 받을 자격이 있으시네요."

상인이 웃으며 덧붙여 말했다.

"내 동료들에게도 더는 비닐봉지를 사용하지 말자고 설득해 볼게…. 비닐봉지를 가져오면 예쁜 천 가방으로 교환해 주는 캠페인을 기획해도 재밌겠어."

그리고 토요일 아침, 우리는 시장 입구에서 똑같은 활동을 벌였다. 이번에는 루이 형과 형의 중학생 친구들이 우리를 도와주러 왔다. 나는 우리 형이 지구를 지키는 일의 필요성을 이해했다는 사실에 뿌듯함을 느꼈고, 형이 이렇게 열의를 보인다는 사실에 기뻤다.

사람들은 친절했다. 몇몇 불평 어린 사람들은 우리를 흘겨보고 가방을 거부하기도 했지만 말이다. 한 번에 모든 사람들을 설득할 수는 없는 일이니까….

한 주가 끝나자 우리가 가지고 있던 천 가방, 미니 재떨이, 커다

란 종이가방, 그리고 배지까지 모두가 동이 났다.

"효과가 정말 좋네!" 마엘이 말했다. "배지 덕분에 우리가 환경을 지키는 하나의 **거대한 가족**이 될 것 같아!"

"어제 신문에 발표된 기사가 **많은 사람들**의 호기심을 자극했어. 잘된 일 같아." 기욤이 말했다.

"최대한 많은 사람들에게 나누어 주려면 더 서둘러서 해야겠어."

"어제 이웃집 아주머니가 오래된 침대 시트로 가방을 만들어 보라고 제안했어." 카미유가 말했다. "그리고 그분 남편이 목수

인데, 우리에게 종이상자로 미니 재떨이를 만들어 주시겠대."

"**우와!**" 내가 외쳤다. "모두가 이 일에 동참한다면 우리 마을에서는 더 이상 **플라스틱**이 사용되지 않을 거야. 그리고 땅에 **담배꽁초**가 버려질 일도 없을 거고!"

"우리가 했던 일로 암탉들은 더 이상 학대받지 않게 됐어. 그리고 곤충들은 살충제가 더는 사용되지 않아 평온하게 살아가면서 수분을 마음껏 할 수 있게 되었고!" 말로가 덧붙였다.

"하지만 **환경을 지키는 슈퍼히어로**에게 할 일은 아직도 많이 남았어!" 내가 말했다.

나는 모두가 환경을 지키는 일에 동참하는 것에 자랑스러운 기분을 느꼈지만, 그와 동시에 여전히 해야 할 일이 남아 있다는 사실에 조금은 의기소침해졌다. 하지만 한 가지 사실은 **확실했다**. 내가 우리 지구와 내 친구 동물들을 절대로 포기하지 않을 거라는 사실이다!

직접 해보기

여러분은 분리수거 전문가인가요?

 다음 중에서 재활용 분리수거함에 들어갈 수 있는 쓰레기는 어떤 것들인지 동그라미 하세요.

플라스틱병

알루미늄 깡통

깨진 유리병

종이 달걀 상자
(흰색 상자는
대부분
스티로폼)

오렌지주스 팩
(플라스틱 뚜껑
제거)

담배꽁초

종이 신문지

사과 알맹이

얇은 비닐봉지

이불

통조림통

(정답: 비닐봉지, 담배꽁초, 얇은 비닐봉지, 이불, 깨진 유리병, 사과 알맹이는 일반 쓰레기통으로 가야 합니다.)

이거 아세요?

 우리가 사용하는 물건들이 자연 상태에서 분해되는 데 얼마나 많은 시간이 걸리는지 아세요?

어떤 쓰레기는 사라지기까지 수백 년이라는 시간이 걸립니다! 이 경우에도 완전히 사라진다고는 할 수 없습니다. 태오의 이야기에서 읽었던 것처럼, 플라스틱은 미세한 입자로 분해되기 때문이죠. 아무리 잘게 부서졌다고 해도 이러한 미세 플라스틱은 여전히 동물들에게 매우 해롭습니다.

→ 물건들이 자연 상태에서 분해되기까지 걸리는 시간을 한번 맞춰보세요!

1 : 휴지 및 종이 냅킨 ●	● a : 2년
2 : 과일 껍질 ●	● b : 10~100년 사이
3 : 종이 신문지 ●	● c : 3~6개월 사이
4 : 담배꽁초 ●	● d : 400년
5 : 껌 ●	● e : 5년
6 : 통조림 통 ●	● f : 3~12개월 사이
7 : 플라스틱병 ●	● g : 100~1000년 사이
8 : 알루미늄 깡통 ●	● h : 4000년
9 : 비닐봉지 ●	● i : 3개월
10 : 유리 ●	● j : 200~500년 사이

출처: http://www.siedmto.fr/tri-et-prevention-des-dechets/duree-de-vie-des-dechets/

정답: 1=i, 2=c, 3=f, 4=a, 5=e, 6=b, 7=g, 8=j, 9=d, 10=h

미로 찾기

 새끼 돌고래가 엄마를 찾을 수 있도록 도와주세요!

나는 누구일까요?

 여러분은 해양 동물에 대해 잘 알고 있나요? 그림을 보고 동물의 이름을 써보세요. 오른쪽에 제시된 초성으로 이름을 짐작해 볼 수 있답니다!

1. ㅎㄱㄹ _____

2. ㅅㄹㄱ _____

3. ㅇㅈㅇ _____

4. ㅎㅁ _____

5. ㅎㅍㄹ _____

6. ㅂㄱㄹ _____

이미지 출처: Pixabay/Flat Icons

정답: 1. 흰고래 - 2. 소라게 - 3. 오징어 - 4. 해마 - 5. 해파리 - 6. 범고래

자신만의 배지를 만들어 보세요!

여러분도 환경을 지키는 슈퍼히어로가 되고 싶나요? 여러분만의 배지를 색칠하고 가위로 오려서(꼭 어른과 함께하세요!) 친구들에게 지구를 지킬 슈퍼파워가 있다는 걸 보여주세요!

이미지 출처: Flat Icons

나도 결심해 보기

 이제 지구를 구하기 위해 올바른 결심을 해볼 차례입니다!

환경을 보전할 수 있도록 해주는 작은 행동들에 대한 예시를 아래에 적어놓았습니다. 도전해 볼 만한 행동을 하나 혹은 그 이상 선택하고, 진정한 환경 슈퍼히어로가 되기 위해 그것을 실천해 보세요!

> 비닐봉지 대신에 천이나 종이로 만든 가방을 사용한다.

> 일회용 플라스틱 수저나 빨대를 사용하지 않는다.

> 할 수 있다면 부모님께 플라스틱으로 포장된 제품을 사지 말라고 요구한다.

> 쓰레기는 언제나 땅이 아니라 쓰레기통에 버린다.
> 포장지, 껌, 종이 냅킨, 사탕 껍질 등…

> 부모님께 멸종위기 종이 아닌 생선이나 과일을 사자고 말한다.

> 자연 속이나 해안가에서 찾은 쓰레기를 수거한다.
> (다치면 안 되니 반드시 장갑을 낄 것)

아래 빈칸에 지구를 구하기 위해 실천할 나만의 아이디어를 적어보세요!

환경 슈퍼히어로 태오 3
위험에 처한 바다를 구하라

초판 1쇄 인쇄 | 2023년 10월 10일
초판 1쇄 발행 | 2023년 10월 15일

글 | 안 마리 데스플라 뒥
그림 | 마틸드 조르주
옮긴이 | 이수진
펴낸이 | 조승식
펴낸곳 | 도서출판 북스힐
등록 | 1998년 7월 28일 제22-457호
주소 | 서울시 강북구 한천로 153길 17
전화 | 02-994-0071
팩스 | 02-994-0073
블로그 | blog.naver.com/booksgogo
이메일 | bookshill@bookshill.com

값 10,000원
ISBN 979-11-5971-520-4

* 잘못된 책은 구입하신 서점에서 교환해 드립니다.